i

THE LANGUAGE GYM

RÉCITS

LE MAUVAIS CÔTÉ

Yuki's story

Imprint: The Language Gym

Translated & adapted by:
Jérôme Nogues

Edited by:
Nadim Cham

About the authors

Tom Ball is head of the World Languages faculty and teaches French and Spanish at a leading international school in Malaysia. He is an experienced teacher and veteran faculty leader with 13 years of experience, ranging from the UK, the USA and now Malaysia. An avid writer, his stories are inspired by years of traveling and working around the world, including stints as a melon picker in the South of France, a deckhand in Papua New Guinea, and a wine merchant in London. Tom has a passion for crafting intriguing story lines, writing witty prose, and creating dynamic characters that jump off the page and come to life. His teaching career, with a proven track-record ranging from Primary to A-Level, allows him to pitch the language at a level which creates challenging, engaging, but also student-friendly academic resources.

Dylan Viñales has taught for 15 years, in schools in Bath, Beijing and Kuala Lumpur in state, independent and international settings. He lives in Kuala Lumpur. He is fluent in five languages, and gets by in several more. Dylan is, besides a teacher, a professional development provider, specialising in E.P.I., metacognition, teaching languages through music (especially ukulele) and cognitive science. In the last five years, together with Dr Conti, he has driven the implementation of E.P.I. in one of the top international schools in the world: Garden International School. Dylan authors an influential blog on modern language pedagogy in which he supports the teaching of languages through E.P.I.

Gianfranco Conti taught for 25 years at schools in Italy, the UK and in Kuala Lumpur, Malaysia. He has also been a university lecturer, holds a Master's degree in Applied Linguistics and a PhD in metacognitive strategies as applied to second language writing. He is now an author, a popular independent educational consultant and professional development provider. He has written around 2,000 resources for the TES website, which have awarded him the Best Resources Contributor in 2015. He has co-authored several best-selling books for world languages teachers and created the instructional approach known as E.P.I. (Extensive Processing Instruction).

Jérôme Nogues has taught for over 20 years in London and in Shropshire and state and independent schools. He is an EPI enthusiast, Head of Languages and Digital Learning in a small Prep school near Shrewsbury. He has a passion for education technology and its use in and out of the classroom to enhance teaching and learning. He regularly leads CPD sessions for fellow teachers to develop their IT skills face to face or online. When he is not busy working on wonderful projects like this one with amazing people, he enjoys spending time with his family and hitting the road or the trail to chill.

DEDICATION

For Catrina
- Gianfranco

For Ariella and Leonard
- Dylan

For Dacho
- Tom

For Luc
- Jérôme

Acknowledgements

A big thanks to our friends and family for the ongoing support and patience while we work hard to produce these resources.

A special mention, as always, to the fabulous MFL Twitterati community for their support and feedback throughout the creation process of this book.

As always, credit to our illustrator Jean for her hard work and for lending her creativity and skill to help bring characters & scenes to life.

Finally, thank you to our editor, Nadim Cham, for being a consistently positive, supportive and highly-skilled linguist and colleague. His meticulous checks, detective-like attention to detail and insightful suggestions, both cultural and linguistic, during this project have helped make this book the excellent resource that it is.

Introduction

Yuki, a spirited but innocent Japanese student, arrives in rural France excited to immerse herself in the French way of life. She is quickly bewitched by the passion and excitement of the local culture, but soon learns that beneath the picturesque Occitan village, there are secrets that threaten to tear apart this charming community. Befriending a group of local *gitans*, she is immediately swept up in their youthful exuberance, but later learns that not everyone shares her enthusiasm for these youngsters and that passion can, at times, boil over into hostility.

Can Yuki uncover the secrets that divide the village? Will her efforts to bring the residents together bring peace or bloodshed?

Le Mauvais Côté is a story about the excitement of experiencing a foreign culture, about broken relationships and social exclusion, and about the incredible healing power of music.

Written for, and with input from, GCSE students, *Le Mauvais Côté*, is the ideal accompaniment to the GCSE course.

TABLE OF CONTENTS

CHAPTER 1

Des problèmes avec les voisins

Villefranche de Lauragais, Haute Garonne

@lajaponaiseennoir
#japonaiseenfrance #apprendrelefrançaisestcool #japonaisedufutur

Je suis enfin en France ! Le voyage depuis le Japon a été trèèès long, mais je suis super heureuse d'être ici. Mes cours de français commencent la semaine prochaine, j'ai donc quelques jours pour faire connaissance avec les gens du quartier. Que l'aventure commence !

Je suis arrivée en France à onze
heures du matin. Laurent et
Véro, ma famille d'accueil,
m'ont emmenée à Villefranche
5 de Lauragais, où je vais rester
tout l'été.

Le village est exactement
comme je l'avais imaginé :
10 historique, l'air sent la fumée de
bois et les gens vivent dans des
maisons en pierre réparties
autour d'une place où il y a une
petite église avec une tour
15 médiévale très pittoresque.

La maison de Laurent et Véro
est également en pierre et se
situe sur une colline, sur l'un
20 des côtés de la route qui
traverse le village.

De l'autre côté, il y a une sorte
de campement composé d'un
25 groupe de caravanes garées et
de cabanes à l'entrée de la forêt.

Entre les toits de la vieille ville
30 de Toulouse et le village de
Villefranche de Lauragais, il
n'y a que ce bois dense et le
camp.

I arrived in France at eleven in
the morning. Laurent and Véro,
my host family, took me to
Villefranche de Lauragais,
where I will be staying for the
whole summer.

The village is exactly as I'd
imagined it: historic, the air
smells of wood smoke and the
people live in stone houses
clustered around a square
where there is a small church
with a very picturesque
mediaeval tower.

Laurent and Véro's house is
also made of stone and is
situated on a hill, on one side of
the road which runs through the
village.

On the other side of the road,
there is a kind of camp made up
of a group of parked caravans
and huts in the entrance of the
forest.

Between the roofs of
Toulouse's old town and the
village of Villefranche de
Lauragais, there lies only the
dense wood and the camp.

Un panorama plutôt étrange : la nature et le désordre.

La voiture de Laurent est entrée
5   dans la cour de la maison par
un portail en fer. Sur le côté,
devant le garage, j'ai vu un
vieux puits.

10 Je pouvais imaginer les gens
s'approvisionner en eau au puits
il y a cent ans. À ce moment-là,
j'ai vu le reflet de mon visage
dans le rétroviseur de la
15 voiture, maquillée en style
gothique avec du gris et du
noir, et je me suis demandé :
Que vont-ils penser de moi ?

20 Quand je suis sortie de la
voiture, j'ai ressenti la chaleur
torride de l'été de Villefranche
de Lauragais. Une chaleur de
plomb ! Et moi... habillée de
25 vêtements noirs.

Le patio de la maison de
Laurent et Véro est très grand
et il y a plusieurs tables. Sur
30 chacune des tables, il y a un
menu avec des photos et les
prix de la nourriture,

A somewhat strange panorama: nature and mess.

Laurent's car entered the house's patio via a large iron gate. On one side, in front of the garage, I saw an old well.

I could imagine people getting water from the well a hundred years ago. At that moment, I saw the reflection of my face in the rearview mirror of the car, made-up in a gothic style with greys and blacks, and I wondered: *What are they going to think of me?*

When I got out of the car, I felt the scorching summer heat of Villefranche de Lauragais. Boiling hot! And me…dressed in black clothes.

The patio in front of Laurent and Véro's house is very large and there are several tables. On each of the tables there is a menu with photos and prices of food,

et sous l'une des tables, il y a un chien qui dort.
Je ne sais pas qui a l'air le plus vieux : la maison ou le chien.

5

Laurent a pris ma valise et m'a dit : —Véro et moi tenons un restaurant ici, tu sais ? C'est une entreprise familiale. Je suis le
10 chef et Véro est la serveuse.

Au-dessus de la porte, j'ai vu un panneau qui disait : « La Camarétoise ». Le chien s'est
15 réveillé et est venu nous saluer.

—Bienvenue à Villefranche de Lauragais, dit Véro en ouvrant la grande porte en bois avec un
20 sourire, — il n'y a pas grand chose à faire ici, mais je t'assure que tu mangeras bien et que tu parleras beaucoup français. Laurent et moi ne
25 parlons pas un mot de chinois.

—Japonaise. Je suis japonaise, j'ai corrigé, mais personne ne m'a répondu.

and below one of the tables, there is a sleeping dog.
I don't know what looks older: the house or the dog.

Laurent took my suitcase and said to me: "Véro and I run a restaurant here, you know? It's a family business. I'm the chef and Véro is the waitress."

Above the door I saw a sign that said, 'La Camarétoise'. The dog woke up and came to say hello.

"Welcome to Villefranche de Lauragais," said Véro, opening the large wooden door with a smile, "there's not much to do here, but I assure you that you'll eat well and will speak lots of French. Laurent and I don't speak a word of Chinese."

"Japanese. I am Japanese," I corrected, but nobody replied.

A l'intérieur du restaurant, il
faisait assez sombre, les vieux
murs de pierre ne laissaient pas
passer beaucoup de lumière.

5

Dans l'entrée, j'ai vu des photos
décolorées du restaurant à une
autre époque. Il y avait des
douzaines de personnes qui
10 mangeaient sur le patio et qui
passaient un bon moment.

J'ai eu l'impression que, dans le
passé, le restaurant était très
15 populaire. Je me suis demandé
si c'était encore un lieu de
rencontre pour les habitants du
village.

20 En suivant Véro, je suis entrée
dans une grande pièce avec une
douzaine de tables et un bar. À
côté du bar, le sol était
surélevé, comme s'il s'agissait
25 d'une scène.

Soudain, j'ai entendu un bruit
de l'autre côté de la pièce et j'ai
tourné la tête. J'ai vu une porte
30 avec une fenêtre, probablement
la cuisine, et j'ai vu le visage
d'un garçon à l'intérieur.

Inside the restaurant it was
quite dark, the old stone walls
not allowing much light to
enter.

In the entrance I saw some
discoloured photos of the
restaurant in another age. There
were dozens of people eating
on the patio and having a great
time.

It gave me the impression that,
in the past, the restaurant was
very popular. I wondered if it
was still a meeting place for the
locals.

Following Véro, I entered a
large room with a dozen tables
and a bar. On one side of the
bar, the floor was raised, as if it
were a stage.

Suddenly, I heard a sound on
the other side of the room and I
turned my head. I saw a door
with a small window, probably
the kitchen, and I saw the face
of a boy inside.

C'est qui ça ? Est-ce qu'ils ont des enfants de mon âge ? j'ai contemplé, mais je n'ai rien dit.

5 —Viens, dit Véro, je vais te montrer ta chambre.
J'étais excitée d'être dans un endroit comme celui-ci. Il y avait des posters de danseurs de
10 flamenco sur les murs.
J'imaginais comment ce serait le soir, quand les clients arriveraient.
—Quelle est ta spécialité,
15 Laurent ? j'ai demandé en me rendant compte que j'avais très faim.
—Tous les plats que je prépare sont très bons, ma puce, a-t-il
20 répondu avec un clin d'œil.
—Tu vas bientôt y goûter. Ça marche ?

Les escaliers en bois grinçaient
25 sous mes bottes militaires. Au premier étage, il y avait un couloir avec plusieurs portes fermées. Véro a ouvert la dernière porte et s'est retournée
30 pour me dire que c'était ma chambre.

Who's that? Do they have kids of my age? I contemplated, but I didn't say anything.

"Come on," said Véro to me, "I'll show you your room."
I was excited to be in a place like this. There were posters of flamenco dancers on the walls.

I imagined what it would be like at night when the customers would arrive.
"What's your speciality, Laurent?" I asked, realising that I was quite hungry.

"All of the food I make is good, sweetie," he replied winking.
"You'll taste it very soon. Does that sound good?"

The wooden stairs creaked beneath my army boots. On the first floor there was a corridor with several closed doors. Véro opened the last door and turned to tell me that it was my room.

Laurent a posé ma valise sur le
lit et s'est dirigé vers la fenêtre.
La lumière qui entrait par la
fenêtre brillait à travers la
poussière qui flottait dans la
pièce.

J'avais l'impression que j'étais
la première visiteuse qu'ils
avaient eue depuis longtemps.

—J'ai laissé ça pour toi sur le
lit, a dit Véro en désignant les
serviettes. —Tiens, je pense
que tu auras besoin de ça aussi,
elle a ajouté en me tendant un
flacon de crème solaire.

Laurent s'est retourné, la
lumière brillait autour de lui.

—Tu as tout ce dont tu as
besoin ?
—Oui, merci beaucoup, j'ai
répondu. J'ai tout ce qu'il faut.
J'adore la maison et j'adore la
chambre. Hé, je peux t'aider
dans la cuisine ?

Laurent a fait un drôle de bruit,
quelque part entre un rire et une
toux.

Laurent put my suitcase on the
bed and headed toward the
window. The light entering
through the window shone
through the dust floating in the
room.

It gave me the impression that I
was the first visitor they'd had
in a long time.

"I left this on the bed for you,"
said Véro pointing to the
towels. "Here, it looks like
you'll need this too," she added
while handing me a bottle of
suncream.

Laurent turned, the light
shining around him.

"Do you have everything you
need?"
"Yes, thanks so much," I
replied. "I have everything. I
love the house and I love the
room. Hey, can I help you in
the kitchen?"

Laurent made a weird noise,
between a laugh and a cough.

—Avant, « La Camarétoise »
était le restaurant le plus
populaire de Villefranche de
Lauragais. Tout le monde
venait ici : les fermiers, les
ouvriers, les chauffeurs
routiers, les riches, mais
maintenant...
Sa voix s'est éteinte.

Véro regardait par la fenêtre.

—C'est juste qu'avant, nous
n'avions pas de problèmes avec
les... les voisins... il a dit
doucement.

—Des problèmes ? Avec les
voisins ?
Véro a lancé un regard à
Laurent.

—C'est compliqué, ma chérie.
Nous en parlerons une autre
fois.

Quand ils ont quitté la pièce,
j'ai regardé par la fenêtre. La
vue sur Toulouse était vraiment
époustouflante.

“In the past, ‘La Camarétoise’
was the most popular restaurant
in Villefranche de Lauragais.
Everyone used to come here:
farmers, workers, truck drivers,
rich people, but now…”
His voice faded.

Véro was looking out of the
window.

“The thing is, before we didn't
have any problems with
the…the neighbours…” he said
in a low voice.

“Problems? With the
neighbours?”
Véro threw a look at Laurent.

“It's complicated, sweetie.
We'll talk about it another
time.”

When they left the room, I
looked out of the window. The
view of Toulouse was truly
breathtaking.

De l'autre côté de la rue, devant le bois, un groupe de personnes discutait avec animation devant l'une des caravanes.

On the other side of the road, in front of the wood, a group of people was chatting in a lively way, in front of one of the caravans.

5

—Les voisins, j'ai marmonné et je suis partie déjeuner.

"The neighbours," I muttered and left to have lunch.

CHAPTER 2

Ne touche pas à mon chien

Villefranche de Lauragais, Haute Garonne

@lajaponaiseennoir
#japonaiseenfrance #apprendrelefrançaisestcool #japonaisedufutur

J'aime le restaurant et j'aime ma chambre. Mais il y a quelque chose d'étrange ici... J'ai l'impression que les gens ont des secrets et je veux les découvrir...

Nous avons mangé à trois
heures. On m'avait dit que les
Français mangeaient tard, mais
à trois heures ?! C'est presque
l'heure du dîner... Je suis sortie
sur le patio avec une faim de
loup et je me suis assise à une
table.

Quelques personnes sont
venues manger, mais la plupart
des tables étaient vides.
Le chien est venu à la vitesse
d'un escargot pour s'asseoir
sous ma table et m'a regardée
avec des yeux optimistes.

—Qu'est-ce qui te ferait
plaisir ? demande Véro, qui
porte un tablier rouge.
—Je ne sais pas, Véro. Il n'y a
pas beaucoup de restaurants
français à Tokyo.
Véro a ri.

—D'accord, ma puce. Je vais te
prendre un sandwich jambon-
beurre et des chips. Ça te va ?

J'ai hoché la tête alors que mon
estomac rugissait comme un
lion. Le chien continuait à me
regarder avec intérêt.

We ate at three. They told me
that the French eat late, but at
three?! It's almost time for
dinner… I went out to the patio
feeling hungry like a dog and
sat down at a table.

A few people came to eat, but
most of the tables were empty.
The dog came at a snail's pace
to sit under my table and
looked at me with hopeful eyes.

“What do you fancy?” Véro
asks me, wearing a red apron.

“I don't know, Véro. There
aren't many French restaurants
in Tokyo.”
Véro laughed.

“Okay, sweetie. I'm going to
bring you a ham sandwich and
some *crisps*. Does that sound
OK?”
I nodded as my stomach
growled like a lion. The dog
kept looking at me with
interest.

Véro a disparu et j'ai regardé autour de moi.

Véro disappeared and I looked around me.

Malgré la faim, j'étais très
5 heureuse. La maison était très belle et vivre dans un restaurant français était le top.

Despite the hunger, I felt very happy. The house was very pretty and living in a French restaurant was the best.

Le patio était couvert de belles
10 plantes et de fleurs de toutes les couleurs. J'ai fermé les yeux et j'ai respiré l'air : cela sentait la nature et la nourriture de la cuisine de Laurent.
15

The patio was covered with beautiful plants and flowers of all colours. I closed my eyes and inhaled the air: it smelled of nature and food from Laurent's kitchen.

—Hé, vous n'êtes pas d'ici, n'est-ce pas, jeune fille ?

"Hey, you're not from here, are you, young lady?"

J'ai ouvert les yeux et j'ai vu
20 devant moi un très vieil homme avec une canne. Il était très petit, encore plus petit que moi, et il sentait le tabac et la terre. Il portait une chemise à
25 carreaux, un jean et un étrange bracelet en cuivre au poignet.

I opened my eyes and saw in front of me a very old man with a cane. He was very short, even shorter than me, and he smelled of tobacco and earth. He was wearing a checked shirt, jeans, and a curious copper bracelet on his wrist.

Il m'a regardée avec ses yeux noirs comme des grottes et s'est
30 assis à la table voisine.
—Non, monsieur, je ne suis pas d'ici. Je suis japonaise.

He looked at me with his eyes as black as caves and sat down at the next table.
"No, sir, I'm not from here. I am Japanese."

—Asiatique, tu dis ? Il m'a
regardée comme si j'étais une
extraterrestre, avec une lueur
particulière dans les yeux.

5

—On m'a dit qu'en Asie, on
mange les chiens. C'est vrai ? il
m'a demandé, en jetant un coup
d'œil au chien allongé sous ma
10   table.

—Je crois que vous pensez aux
Chinois ou aux Coréens. Et je
ne sais pas si c'est vrai, mais je
15   suis japonaise et je vous assure
que je ne mange pas de chien.

Le grand-père m'a regardée
avec méfiance.
20   —D'accord, mademoiselle,
d'accord. Mais... juste au cas
où, ne touche pas le chien !
D'accord ? Nous avons assez de
problèmes avec les gitans. Pour
25   eux, les chiens sont une
spécialité, tu sais ? Les rats
aussi, il a dit en se fourrant une
poignée de cacahuètes dans la
bouche.
30   —Les gitans ? Je n'ai pas
compris ce qu'il disait. —De
quoi parlez-vous, monsieur ?

“Asian, you say?” He looked at
me as if I were an alien, with a
special kind of glint in his eyes.

“I heard that over in Asia you
eat dogs. Is it true?” he asked
me, glancing at the dog lying
under my table.

“I believe you're thinking of
the Chinese or the Koreans.
And I don't know if it's true, but
I'm Japanese and I assure you I
don't eat dogs.”

The old man looked at me
suspiciously.
“Okay, missy, okay. But…just
in case, don't touch the dog!
Alright? We have enough
problems with the gypsies. For
them, dogs are a specialty, you
know? Rats too,” he said,
stuffing a handful of peanuts
into his mouth.

“The gypsies?” I didn't
understand what he was saying.
“What are you talking about,
sir?”

—Allez, on ne t'a pas encore
parlé des gitans ? Regarde, et il
a montré le camp de l'autre côté
de la rue.

5

A ce moment-là, Véro est
revenue avec mon sandwich et
un verre de jus d'orange.
—Tu déranges notre invité,
10 papa ?
—La déranger, mon amour,
moi ? Jamais ! Je voulais juste
apprendre un peu de chinois...
Comment est-ce qu'on appelle
15 un chinois sur les épaules d'un
autre ? Des Li superposés.

Véro m'a regardée et a roulé
des yeux.
20 — Ne fais pas attention à lui,
ma puce. Mon père a vécu dans
ce village depuis soixante-
quinze ans et il pense que nous
vivons encore dans les années
25 cinquante.

—Mais les histoires sur les
gitans, ce n'est pas une blague,
a dit le grand-père ennuyé. —
30 Ils sont venus et ils nous ont
ruinés.

"Come on, haven't they told
you about the gypsies yet?
Look," and he pointed to the
campsite across the street.

At that moment, Véro came
back with my sandwich and a
glass of orange juice.
"Are you bothering our guest,
Dad?"
"Bothering her, my love, me?
Never! I just wanted to learn
some Chinese… How do you
call a Chinese on the shoulder
of another Chinese? A 'Li der'.

Véro looked at me and rolled
her eyes.
"Don't mind him, sweetie. My
father has been in this village
for seventy-five years and
thinks we're still living in the
fifties."

"But the stuff about the
gypsies, isn't a joke," said the
old man, annoyed. "They came
here and they ruined us.

Ma femme est morte il y a des
années, mais quand elle était en
vie, cet endroit était une mine
d'or.

Véro a levé une main et a
soupiré.
—Papa, n'oublie pas non plus
que la plupart des gitans ne
vivent pas dans des cabanes. Tu
ne te souviens pas de
Mademoiselle Isabelle ?

—Isabelle ? Ton institutrice ?
Elle n'était pas gitane !

—Bien sûr que si ! Et le
docteur ? Je ne me souviens pas
de son nom... Celui qui t'a
soigné à l'hôpital quand tu es
tombé dans l'escalier il y a deux
ans, c'était aussi un gitan.
Véro m'a regardée en secouant
la tête.

—De toute façon, papa, ce n'est
pas le moment de parler de ça.
Nous avons une invitée à la
maison.

My wife died many years ago,
but when she was alive this
place was a gold mine."

Véro raised a hand and sighed.

"Dad, don't forget too that most
gypsies don't live in shanty
towns. Don't you remember
Miss Isabelle?"

"Isabelle? Your school teacher?
She was not a gypsy!"

"Of course she was! And the
doctor? I don't remember his
name... The one who treated
you at the hospital when you
fell down the stairs two years
ago, he was also a gypsy,"
Véro looked at me shaking her
head.

"Anyway, Dad, now is not the
time to talk about this. We have
a guest at home."

J'ai fini mon sandwich et j'ai emporté l'assiette vide dans la cuisine.

5 Laurent coupait des légumes et il y avait quelque chose dans le four qui sentait merveilleusement bon.

10

—Laurent, le sandwich était délicieux, tu cuisines vraiment très bien ! Merci !

15 —Avec plaisir, a répondu Laurent. C'est la première fois que tu manges un sandwich ?

—Un aussi bon que celui-là ?
20 Oui. Je vais faire un tour maintenant, d'accord ?

Laurent s'est retourné et allait dire quelque chose quand Véro
25 l'a interrompu.

—Bien sûr. Pourquoi tu ne prends pas le chien ? Mon père ne le sort pas souvent et notre
30 village est petit, donc tu ne te perdras pas.

I finished my sandwich and took the empty plate to the kitchen.

Laurent was cutting vegetables and there was something in the oven that smelled fantastic.

"Laurent, the sandwich was delicious. You really do make a great meal! Thank you!"

"It's a pleasure," Laurent replied. "Is that the first time you ate a sandwich?"

"One as good as this one? Yes. Now I'm going to take a stroll, okay?"

Laurent turned around and was about to say something when Véro interrupted.

"Of course. Why don't you take the dog? My father doesn't take him out much and our village is tiny, so you won't get lost."

—Tu penses que c'est une
bonne idée ? dit Laurent à Véro
en hésitant. Véro s'est tournée
vers moi.

5

—N'aie pas peur, ma puce. Ces
vieillards aiment dire des
bêtises. Comme dire qu'il y a
des criminels à Villefranche de
10 Lauragais qui te veulent du
mal.

Mais ce n'est pas vrai. De toute
façon, elle a dit en regardant sa
15 montre, —il est quatre heures
de l'après-midi et tout le monde
fait la sieste. Les criminels et
les non-criminels.

"You think that's a good idea?"
said Laurent to Véro hesitantly.
Véro turned to me.

"Don't be afraid, sweetie. These
old-timers like to talk nonsense.
Like saying there are criminals
in Villefranche de Lauragais
who want to hurt you."

"But it is not true. In any case,"
she said to me, looking at her
watch, "it's four in the
afternoon and everyone is
taking a nap. The criminals and
non-criminals."

CHAPTER 3

La Flamme

Villefranche de Lauragais, Haute Garonne

@lajaponaiseennoir
#japonaiseenfrance #apprendrelefrançaisestcool #japonaisedufutur

On dit qu'il y a de mauvaises personnes en ville.
J'ai hâte de rencontrer un "délinquant" français...

J'ai quitté le restaurant avec le
chien, Lupin, sous l'œil attentif
de Laurent. Il n'y avait
personne sur le patio. Même M.
Lucien, le grand-père
antipathique, vieux jeu et
coléreux qui ne voulait pas que
je touche au chien, était parti
faire la sieste dans sa chambre.

Pendant que Lupin reniflait le
patio, je suis allée vers le puits,
curieuse de voir sa profondeur.
J'ai regardé dedans et je n'ai vu
que de l'obscurité. Cela
ressemblait à un trou noir, un
gouffre sans fond.

Soudain, une voix derrière moi
m'a fait sursauter.
—Tu es la fille japonaise qui
loge chez Laurent et Véro ?

Je me suis retournée pour voir
qui c'était et je me suis
retrouvée en face du garçon que
j'avais vu plus tôt à la fenêtre
de la cuisine.
Il était plus grand que je ne le
pensais, avec de longs cheveux
noirs ondulés et des yeux
sombres et lugubres.

I left the restaurant with the
dog, Lupin, under the watchful
eye of Laurent. There was no
one on the patio. Even M.
Lucien the unfriendly, old-
fashioned, cantankerous old
man who didn't want me to
touch the dog, had gone to take
a nap in his bedroom.

As Lupin sniffed around the
patio, I headed toward the well,
curious to see how deep it was.
I looked into it and saw only
darkness. It looked like a black
hole, a bottomless pit.

Suddenly, a voice from behind
startled me.
“Are you the Japanese girl
who's staying with Laurent and
Véro?”
I turned to see who it was and
found myself facing the boy I
had seen earlier in the kitchen
window.

He was taller than I thought,
with long, wavy black hair and
dark, brooding eyes.

Il portait un T-shirt sur lequel
était écrit "Camarón" et un jean
noir troué aux genoux qui
semblait très sale.

5

—Oui, je suis ici pour
apprendre le français....
—Mais tu le parles déjà bien !
Quel est ton nom, jeune fille
10 japonaise ? Il avait une voix
grave mais douce.

—Je m'appelle Yuki... ce qui
signifie « neige » dans ma
15 langue... J'ai soudain eu honte.
Pourquoi ce garçon se
soucierait-il de la signification
de mon nom ? —Je suis
désolée, je dois y aller. Je vais
20 promener le chien, j'ai dit.

—Enchanté Yuki, qui signifie
« neige ». Je m'appelle Jean,
mais parfois mes cousins
25 m'appellent Jean « La
Flamme ». On peut peut-être se
retrouver plus tard ? Tu aimes
la musique ?

30 J'étais sur le point de répondre
quand la voix de Laurent a
interrompu mes pensées.

He was wearing a T-shirt that
said 'Camarón' and black jeans
with holes on the knees which
seemed very dirty.

"Yes, I'm here to learn
French…"
"But you already speak it well!
What's your name, Japanese
girl?" He had a deep but soft
voice.

"My name is Yuki... which
means 'snow' in my
language…" Suddenly I felt
embarrassed. Why would this
guy care what my name meant?
"I'm sorry I have to go. I'm
going to walk the dog," I said.

"Pleased to meet you, Yuki
which means 'snow'. I'm Jean,
but sometimes my cousins call
me Jean 'The Flame'. Maybe
we can hang out later? Do you
like music?"

I was about to answer when
Laurent's voice interrupted my
thoughts.

—Hé, Jean ! Nous ne te payons
pas pour discuter avec nos
invités, il a dit en colère.
—Viens passer la serpillière et
5 ensuite tu peux rentrer chez toi.

J'ai souri à Jean « La
Flamme », et Lupin et moi
sommes sortis dans la rue.
10

Nous sommes passés devant
des maisons en pierre à côté de
la petite église. Le village était
vraiment pittoresque.
15 Comme il faisait très chaud, j'ai
décidé de traverser la rue pour
marcher à l'ombre des arbres.
Une voiture est passée
rapidement et j'ai réalisé que la
20 route pouvait être dangereuse.

Devant nous, j'ai vu les
caravanes dispersées à l'orée
des bois et je me suis demandé
25 ce que les gitans faisaient pour
gagner leur vie dans un si petit
village.

J'ai décidé de ne pas traverser
30 le camp des gitans, et
Lupin et moi avons pris un
sentier qui menait dans les bois.

"Hey, Jean! We don't pay you
to chat with our guests," he said
35 angrily. "Come and mop the
floor and then you can go
home."

I smiled at Jean 'The Flame',
and Lupin and I went out into
the street.

We passed some stone houses
that were next to the little
church. The village was truly
picturesque.
Since it was very hot, I decided
to cross the street to walk in the
shade of the trees. A car passed
by quickly and I realised that
the road could be dangerous.

Ahead of us, I saw the caravans
scattered at the edge of the
woods and wondered what the
gypsies would do to earn a
living in such a small village.

I decided not to walk through
the gypsy camp, and Lupin and
I took a path that led into the
woods.

—Je ne sais pas si M. Lucien va être content que nous nous promenions ensemble, Lupin, j'ai dit au chien qui reniflait avec enthousiasme les pierres et les buissons.

Peu après, nous nous sommes retrouvés au cœur des bois. Autour de nous, il y avait des arbres qui nous protégeaient du soleil et projetaient de longues ombres, ne laissant qu'une petite fenêtre sur le ciel bleu.

Cela m'a rappelé mon voisinage à Tokyo : les rues animées et le rythme incessant de la ville. À Tokyo, il n'y avait aucun endroit aussi calme que celui-ci. J'avais l'impression d'être au paradis : entourée par la nature et en toute tranquilllité. Mais un bruit a brisé le silence et Lupin est devenu alerte.

J'ai entendu des voix et de la musique. Nous avons suivi le bruit jusqu'à ce que nous atteignions la limite du camp des gitans. J'ai pensé à ce que grand-père Lucien avait dit.

"I don't know if M. Lucien is going to be happy that we're walking together, Lupin," I said to the dog as he sniffed the rocks and bushes enthusiastically.

Soon afterwards, we found ourselves in the heart of the woods. Around us, there were trees that protected us from the sun and cast long shadows, leaving only a small window to the blue sky.

I was reminded of my neighbourhood in Tokyo: the busy streets and the incessant rhythm of the city. In Tokyo, there was nowhere as quiet as this. I felt as if I were in heaven: surrounded by nature and in total tranquillity. But a noise broke the silence and Lupin became alert.

I heard voices and music. We followed the noise until we reached the edge of the gypsy camp. I thought about what grandpa Lucien had said.

Que les gitans avaient ruiné les gens du village, mais je ne comprenais pas pourquoi.

5 *Comment vivent les gitans ?* j'ai contemplé, en me cachant avec le chien dans des buissons.

10 Je sentais mon cœur battre la chamade, un mélange de peur et d'euphorie parcourant mes veines. C'était excitant, comme si j'étais sur une autre planète à 15 observer un groupe d'extraterrestres.

Soudain, un groupe de garçons est apparu de derrière les 20 caravanes, traînant quelque chose. Ils portaient des vieux vêtements sales.

Le premier garçon était grand 25 et très musclé. Il semblait aussi fort qu'un taureau et portait une guitare. J'ai reconnu le deuxième immédiatement, c'était Jean « La Flamme », le 30 garçon qui travaille au restaurant.

That the gypsies had ruined the locals, but I couldn't understand why.

How do gypsies live? I wondered, hiding with the dog in some bushes.

I could feel my heart beating wildly, a mix of fear and exhilaration coursing through my veins. It was exciting, as if I were on another planet watching a group of aliens.

Suddenly, a group of boys appeared from behind the trailers dragging something. They wore old and dirty clothes.

The first boy was tall and very muscular. He looked as strong as a bull and he was carrying a guitar. I recognised the second boy immediately, it was Jean 'The Flame', the boy who works in the restaurant.

Derrière eux, il y avait une fille de quinze ou seize ans aux cheveux noirs bouclés qui marchait d'un pas léger.

Behind them, there was a fifteen or sixteen-year-old girl with curly, black hair who was walking lightly.

5

Elle portait une robe rouge à pois noirs.

She was wearing a red dress with black polka dots.

Tous les trois discutaient, riaient et chantaient.

All three of them were chatting, laughing and singing.

10

Jean traînait une palette comme celles des marchés de Tokyo.

Jean was dragging a pallet like the ones in the markets in Tokyo.

15 —Hé, Jean, on le fait ici ? a dit le garçon trapu avec un fort accent.
Jean a dit « oui » et le garçon a posé la palette par terre.

"Hey, Jean, shall we do it here?" said the stocky boy in a heavy accent.
Jean said 'yes' and the boy put the pallet on the ground.

20 *Qu'est-ce qu'ils font ?* je me suis demandé, intriguée, en tenant fermement la laisse de Lupin.

What are they doing? I asked myself, intrigued, holding tightly onto Lupin's leash.

25 Le chien m'a regardée avec de grands yeux. Il avait l'air effrayé.
—Tout va bien, Lupin, j'ai chuchoté aussi doucement que possible.

The dog looked at me with big eyes. He seemed afraid.

"It's all right, Lupin," I whispered as softly as I could.

30 Jean a grimpé sur la palette comme si c'était une scène.

Jean climbed on top of the pallet as if it were a stage.

Puis le garçon musclé a
commencé à jouer de la guitare
et Jean a levé ses longs bras de
façon spectaculaire.

La fille en robe rouge et noire
regardait et tapait des mains, et
un peu plus tard elle a
commencé à chanter, sa voix
riche et mélancolique.

Je n'arrivais pas à en croire mes
yeux. Un spectacle privé de
flamenco au milieu du bois.

Quelle chance ! Sans bruit j'ai
sorti mon téléphone pour faire
une vidéo. Lupin m'a regardée,
la tête penchée sur le côté,
comme si ce n'était pas une très
bonne idée, mais il n'a rien fait.
J'étais hypnotisée.

Le jeune musclé jouait très
bien, mais Jean... Jean bougeait
comme de l'eau !

Élégant et rythmé, il dansait
comme les flammes d'un feu
qui s'élèvent dans l'air.

Then, the muscular boy began
to play the guitar and Jean
raised his long arms
dramatically.

The girl in the red and black
dress watched and clapped her
hands, and after a while she
began to sing, her voice rich
and melancholic.

I couldn't believe what was
happening in front of my eyes.
A private flamenco show in the
middle of the woods.

Lucky me! Without making a
sound I took out my phone to
record a video. Lupin looked at
me with his head askew, as if it
wasn't a very good idea, but he
didn't do anything about it.
I was hypnotised.

The muscular kid played really
well, but Jean… Jean moved
like water!

Elegant and rhythmic, dancing
like the flames of a fire rising
in the air.

Quand j'ai vu ça, j'ai compris pourquoi on l'appelait « La Flamme ».

Seeing this, I understood why they called him The Flame.

5 Pendant ce temps, la voix mélodique de la fille me faisait ressentir quelque chose au plus profond de mon âme, même si je ne comprenais pas tous les
10 mots.

Meanwhile, the girl's melodic voice made me feel something deep in my soul, even though I didn't understand all the words.

Nous avons entendu un autre bruit derrière nous.

We heard another noise behind us.

15 J'ai pensé que quelqu'un s'approchait de nous... mais c'était seulement un chat noir.

I thought someone was coming towards us... but it was just a black cat.

20 Le chat a vu Lupin. Lupin a vu le chat et, à ce moment, j'ai su exactement ce qui allait se passer.

The cat saw Lupin. Lupin saw the cat and, in that moment, I knew exactly what was going to happen.

25

Le chien a commencé à aboyer et les deux animaux se sont enfuis en direction de l'endroit où se trouvait Jean avec ses
30 amis. Je n'avais pas d'autre choix que de sortir des buissons.

The dog started barking and the two animals ran to where Jean was with his friends. I had no choice but to come out of the bushes.

CHAPTER 4

Nous n'avons pas d'eau

Villefranche de Lauragais, Haute Garonne

@lajaponaiseennoir
#japonaiseenfrance #apprendrelefrançaisestcool #japonaisedufutur

Je viens de voir un spectacle dans les bois. Je suis cachée, mais je pense que je suis sur le point d'être découverte. J'espère que ce ne sont pas les criminels dont parlait M. Lucien.

 THE LANGUAGE GYM

Les trois m'ont regardée avec
confusion. Manifestement, ils
ne s'attendaient pas à voir une
Japonaise sortir des buissons.
5

—Qu'est-ce que tu fais ici,
cousine ? Et qui es-tu ? a
demandé le garçon musclé.
Je ne savais pas quoi répondre.
10 Le garçon s'est approché de
moi.

—Hé, cousin, a dit Jean. C'est
la fille japonaise dont j'ai parlé
15 avant. Elle s'appelle Yuki et
elle loge chez Laurent et Véro.
Tu es perdue, cousine ?

Cousine ? j'ai pensé, un peu
20 confuse. *Nous ne sommes pas
de la même famille. Pas même
du même pays,* mais je n'ai rien
dit.

25 —Je promenais le chien dans
les bois et... et... je ne sais pas...
mais tu danses très bien...

—Tu danses si bien, oui,
30 comme une flamme de bougie,
a interrompu le garçon musclé
d'une voix sarcastique.

The three of them looked at me
in confusion. Clearly, they
weren't expecting to see a
Japanese girl emerge from the
bushes.
"What are you doing here,
cousin? And who are you?"
asked the muscular boy.
I did not know what to say. The
boy was walking towards me.

"Hey, cousin," Jean said. "It's
the Japanese girl I mentioned
earlier. Her name is Yuki and
she's staying with Laurent and
Véro. Are you lost, cousin?"

Cousin? I thought, somewhat
confused. *We are not from the
same family. Not even from the
same country*, but I didn't say
anything.

"I was walking the dog in the
woods and… and… I don't
know… but you dance very
well…"
"You dance so well, yeah, like
a candle flame," interrupted the
muscular boy in a sarcastic
voice.

—On dirait que tu as une admiratrice chinoise.

—Je suis japonaise, j'ai dit un peu frustrée, mais oui, j'aime beaucoup ça... J'aime danser, je veux dire.

—Et qu'est-ce que tu aimes d'autre, Yuki la japonaise ? la fille m'a demandé.

—Eh bien... j'aime lire des mangas... et j'aime aussi danser. J'ai regardé Jean d'un air un peu gêné. —Et j'aime écouter de la musique.

—Tu aimes le flamenco ? demande la fille.
—J'adore ça !
—La fille a bon goût, a dit le garçon musclé. Je m'appelle Éric, mais on m'appelle « Mastiff » parce que je suis fort et musclé comme un chien de garde, tu vois ?

—Plutôt moche et puant comme un chien errant, a murmuré la fille.

"Sounds like you have a Chinese fan."

"I'm Japanese," I said, a little frustrated, "but yes, I do like it, a lot… I like dancing, I mean."

"And what else do you like, Japanese Yuki?" the girl asked me.

"Well... I like to read manga... and I also like to dance." I looked at Jean a little embarrassed. "And I love listening to music."

"Do you like flamenco?" the girl asked.
"I love it!"
"The girl has taste," said the muscular boy. "I'm Éric, but they call me 'Mastiff' because I'm strong and muscular like a guard dog, you know?"

"More like ugly and smelly like a stray dog," the girl muttered.

—Qu'est-ce que tu dis Jessica ?
a dit Mastiff avec colère, et je
pouvais voir pourquoi on lui
avait donné ce surnom.

5

—Allez, les gars. On va boire
un verre. Tu viens avec nous,
Yuki ?

10 Nous sommes passés derrière
les caravanes que j'avais vues
depuis ma fenêtre et j'ai vu qu'il
y avait encore plus de
caravanes. « Mastiff » et
15 Jessica étaient encore en train
de se disputer quand Jean a dit :
—Bienvenue au *Palais*.
—Regardez, il a dit en
montrant Lupin, le chien
20 semble aimer les voisins.
Malheureusement, je ne pense
pas que l'on puisse en dire
autant de ses propriétaires...

25 Lupin a remué joyeusement la
queue en reniflant un chien de
berger très mignon. À ce
moment-là, j'ai pensé que
Laurent et Véro devaient être
30 inquiets, alors j'ai pris la laisse
du chien et j'ai dit à Jean que je
devais partir.

"What's that you're saying,
Jessica?" Mastiff said angrily,
and I could see why he'd been
given that nickname.

"Come on, boys. Let's have a
drink. Are you coming with us,
Yuki?"

We passed behind the caravans
that I'd seen from my window
and I saw that there were even
more caravans. 'Mastiff' and
Jessica continued arguing when
Jean said, "Welcome to the
Palace."

"Look," he said, pointing to
Lupin, "it seems that the dog
likes the neighbours.
Unfortunately, I don't think we
can say the same about their
owners…"

Lupin wagged his tail happily
as he sniffed a very pretty
sheepdog. At that moment I
thought that Laurent and Véro
must be worried, so I took the
dog's leash and told Jean that I
had to go.

—Tu ne veux pas boire quelque chose ?
J'ai hésité un moment et j'ai finalement accepté l'invitation.
5 Les jeunes m'ont emmenée dans l'une des plus grandes caravanes.

À l'intérieur il y avait une pièce
10 où un groupe de gitans jouait aux cartes en buvant des canettes de bière. Cela m'a rappelé les Yakuzas à la télévision au Japon.
15
Une femme âgée aux cheveux noirs teints et au maquillage coloré nous a regardés.
—Jean, Mastiff, Jessica, vous
20 avez une nouvelle amie ?
—Elle s'appelle Yuki, Mamie. Elle vient du Japon.

Je les ai salués et j'ai regardé
25 autour de moi. La caravane était beaucoup plus grande qu'elle ne paraissait de l'extérieur, elle avait même un salon !
30 Autour de la table où ils jouaient aux cartes, il y avait trois canapés, un grand placard dans le coin,

"Don't you want a drink?"

I hesitated a moment and finally accepted the invitation. The guys took me to one of the bigger trailers.

Inside was a room where a group of gypsies were playing cards while drinking cans of beer. It reminded me of the Yakuza on TV in Japan.

An older woman with dyed black hair and wearing very colourful makeup looked at us. "Jean, Mastiff, Jessica, do you have a new friend?" "Her name is Yuki, Grandma. She's from Japan."

I said hello to them and looked around me. The caravan was much bigger than it seemed from the outside, it even had a living room!

Around the table where they played cards, there were three sofas, a large cupboard in the corner,

et par terre il y avait des pots de fleurs avec de belles plantes.

Il y avait des vêtements de style
5   traditionnel partout et des bijoux en cuivre sur la table. Je me demandais s'ils les vendaient pour gagner de l'argent.
10   Jessica, la fille à la robe rouge et noire, m'a donné un Fanta et la grand-mère de « La Flamme » m'a invitée à m'asseoir à la table pendant que
15   les autres continuaient à jouer aux cartes. Je sirotais mon Fanta.

—Je m'appelle Esmeralda. Tu
20   aimes la France, Yuki ? Elle m'a demandé d'une voix rauque.
—Oui, je l'adore. Les garçons dansaient, chantaient et
25   jouaient de la guitare dans les bois. Je n'avais jamais vu un tel spectacle.

—Le père est danseur de
30   flamenco... Il était danseur, de flamenco, je veux dire... Et où est-ce que tu loges ?

and on the floor there were plant pots with lovely plants.

There were traditional style clothes everywhere and copper jewellery on the table. I wondered if they were selling them to make money.

Jessica, the girl in the red and black dress, gave me a Fanta and The Flame's grandmother invited me to sit at the table while the others continued playing cards. I sipped my Fanta.

"I'm Esmeralda. You like France, Yuki?" she asked in a rough voice.

"Yes, I love it. The boys were dancing, singing and playing the guitar in the woods. I had never seen a show like it."

"The father is a flamenco dancer… He was a flamenco dancer, I mean… And where are you staying?"

J'ai expliqué que je restais à La
Camarétoise avec Laurent et
Véro. Plusieurs hommes qui
jouaient aux cartes m'ont
5 regardée avec méfiance en
entendant le nom du restaurant,
mais Esmeralda leur a renvoyé
le même regard.

10 —Malheureusement, nous ne
nous entendons pas avec ta
famille d'accueil. Notre relation
n'est pas au mieux en ce
moment. Ils nous ont coupé
15 l'eau, mais cela n'a rien à voir
avec toi, Yuki, ne t'inquiète
pas.
—Ils nous ont traités comme
des animaux, a crié l'un des
20 joueurs de cartes. Nous n'avons
même pas d'eau pour aller aux
toilettes !

—Tais-toi, cousin ! a dit
25 Esmeralda en colère, en levant
la main.

La mention de La Camarétoise
a radicalement changé
30 l'atmosphère et je me suis
sentie très mal à l'aise.

I explained that I was staying at
La Camarétoise with Laurent
and Véro. Some of the men
playing cards looked at me
suspiciously upon hearing the
name of the restaurant, but
Esmeralda looked back at them.

"Unfortunately, we don't get
along well with your host
family. Our relationship is not
in the best place right now.
They cut off our water, but
that's got nothing to do with
you, Yuki, don't worry."

"They treated us like animals,"
shouted one of the card players.
"We don't even have water to
go to the toilet!"

"Shut up, cousin!" Esmeralda
said angrily, raising a hand.

The mention of La Camarétoise
has changed the atmosphere
drastically and I felt very
uncomfortable.

J'ai fini mon verre rapidement,
j'ai remercié la famille de Jean
et je suis partie.

I quickly finished my drink,
thanked Jean's family, and left.

CHAPTER 5

Deux mille « Likes »

Villefranche de Lauragais, Haute Garonne

@lajaponaiseennoir
#japonaiseenfrance #apprendrelefrançaisestcool #japonaisedufutur

Je me suis bien amusée cette après-midi. En me promenant dans les bois, j'ai vu un garçon danser avec ses amis, il a un sacré talent. C'est comme ça qu'on danse le flamenco.

Quand je suis rentrée à La
Camarétoise, Véro et Laurent
étaient sur le patio et, en me
voyant, ils semblaient soulagés.

5

Le chien est allé se coucher à
son endroit préféré, sous la
table.
—Où es-tu partie, ma puce ?
10 Nous étions inquiets, a dit
Laurent en me regardant avec
de grands yeux.

Je leur ai dit que le chien avait
15 couru après un chat dans les
bois et que j'avais rencontré un
groupe de garçons au camp.

—Un groupe de garçons ?
20 Quels garçons ? a demandé
Laurent en frottant les oreilles
du chien.
—Ils étaient très gentils, j'ai
répondu. Ils m'ont invitée à
25 boire un Fanta. Ils habitent
dans les caravanes d'en face,
j'ai dit en pointant du doigt.
—Ce sont vos voisins.

30 —Oh, mon Dieu ! Tu as passé
l'après-midi avec les gitans ! Je
n'arrive pas à y croire... a dit
Laurent à bout de souffle.

When I returned to La
Camarétoise, Véro and Laurent
were on the patio and, seeing
me, they seemed relieved.

The dog went to lie down in his
favourite place, under the table.

"Where did you get to,
sweetie? We were worried,"
Laurent said to me, looking at
me with wide eyes.

I told them that the dog had run
after a cat in the woods and that
I had met a group of guys at the
camp.

"A group of boys? What
boys?" Laurent asked, rubbing
the dog's ears.

"They were very nice," I
replied. "They invited me to
have a Fanta. They live in those
trailers across the street," I said,
pointing a finger. "They are
your neighbours."

"Oh, my goodness! You spent
the afternoon with the gypsies!
I can't believe it…" Laurent
said breathlessly.

J'étais confuse ; Jean et ses
cousins étaient très gentils, et
Jean travaillait dans le
restaurant. *Pourquoi est-ce que*
5 *Laurent était si inquiet ?*

—Mais tu vas bien, ma
chérie? m'a demandé Véro en
prenant mon visage dans ses
10 mains. —Tu n'as pas eu peur ?

—Peur ? j'ai répété avec
confusion. —Non, je n'avais
pas peur du tout. Ils jouaient de
15 la musique, ils chantaient, ils
dansaient... Pourquoi est-ce que
j'aurais eu peur ?

Laurent a regardé Véro, mais
20 aucun des deux ne m'a répondu.

Finalement, Laurent a dit :
—Bon tu vas bien et c'est ce
qui est important. Oh mon
25 Dieu, quelle frayeur... Bon... Je
dois préparer des choses pour le
dîner. Et sur ce, il s'est dirigé
vers la cuisine.

30 Véro m'a regardée droit dans
les yeux.

I was confused; Jean and his
cousins were very nice, and
Jean worked in the restaurant.
Why was Laurent so worried?

"But are you okay, dear?" Véro
asked me, holding my face in
her hands. "Weren't you
scared?"

"Scared?" I repeated, confused.
"No, I wasn't scared at all.
They played music, they sang,
they danced… Why should I be
afraid?"

Laurent looked at Véro, but
neither of them answered me.

In the end, Laurent said, "Well,
you're fine and that's the
important thing. My goodness,
what a shock… Okay… I have
to prepare some things for
dinner." And with that, he went
into the kitchen.

Véro looked me straight in the
eye.

—Ne t'inquiète pas, ma puce.
Mon mari en fait toujours des
tonnes. Puis elle a souri.
—Assieds-toi un peu.
5   Tu as faim ?

Véro m'a donné une orange et
des biscuits, et je suis montée
dans ma chambre.
10   Je ne pouvais pas m'empêcher
de penser à Jean. Ce garçon
avait tellement de talent que je
devais le partager avec mes
amis et mes followers ; j'ai
15   donc téléchargé la vidéo sur
Instagram.

Les émotions de la journée
m'avaient laissée épuisée et j'ai
20   décidé de faire une bonne
sieste. Avant de m'allonger, j'ai
regardé par la fenêtre. Dehors,
le ciel était dégagé et la forêt
était d'un vert luxuriant.
25

Entre les arbres, j'ai vu les
caravanes colorées de la famille
de Jean et je me suis demandé
pourquoi les gens avaient peur
30   d'eux.

"Don't worry, sweetie. My
husband is a drama queen."
Then she smiled. "Sit down for
a bit. Are you hungry?"

Véro gave me an orange and
some biscuits, and I went up to
my room.
I couldn't stop thinking about
Jean. That boy had so much
talent that I had to share it with
my friends and my followers;
so, I uploaded the video to
instagram.

The emotions of the day had
left me feeling worn out and I
decided to take a good nap.
Before lying down, I looked
out the window. Outside, the
sky was clear and the forest
was lush green.

Through the trees, I saw Jean's
family's colourful caravans and
wondered why people were
afraid of them.

Quand je me suis réveillée, il faisait déjà nuit. De ma chambre, j'ai entendu du bruit dehors. *L'heure du dîner est beaucoup plus tardive en France, donc il y aura probablement des gens sur le patio du restaurant en train de manger et de s'amuser*, j'ai pensé.

J'ai regardé par la fenêtre et j'ai vu une lumière étrange dans la forêt.

J'ai cligné des yeux plusieurs fois et j'ai réalisé que c'était un feu de joie. J'ai entendu des voix chanter et j'ai pensé à Jean qui dansait : *Est-ce qu'il danse pour sa famille ?*

Je suis allée dans la salle de bains et je me suis lavé le visage avec de l'eau pour me réveiller. La journée avait été longue et j'étais fatiguée, mais je voulais voir le restaurant sous son meilleur jour. Il n'y avait pas beaucoup de bruit dans le couloir. J'ai descendu les escaliers jusqu'à la salle à manger.

When I woke up it was already nighttime. From my room I heard noises outside. *Dinner time is much later in France, so it will probably be the people on the patio of the restaurant eating and having a good time,* I thought.

I looked out the window and saw a strange light in the forest.

I blinked a few times and realised it was a bonfire. I heard voices singing and I thought about Jean dancing: *Is he dancing for his family?*

I went to the bathroom and washed my face with water to wake me up. It had been a long day and I was tired, but I wanted to see the restaurant at its best. There was not much noise in the corridor. I went down the stairs to the dining room.

Il n'y avait pas âme qui vive.

*Ils doivent tous être sur le
patio*, j'ai décidé, mais quand
5 j'ai passé la porte, j'ai vu qu'il
n'y avait qu'une seule personne
dehors : le vieil homme.

M. Lucien était en train de
10 manger une assiette d'œufs
avec du jambon et des frites. Il
a levé la tête et m'a saluée.

—Bonne après-midi, ma chère.
15 Hé, tu manges du porc en
Chine ? Ne manque pas
l'occasion de goûter le jambon !

J'ai souri, mais j'étais confuse.
20 *Où étaient les clients ?*

La Camarétoise était un bel
endroit, avec une vue
magnifique sur Toulouse et de
25 la nourriture délicieuse.

—Salut, Yuki, a dit Véro
derrière moi. Elle portait un
verre d'eau et une bouteille de
30 bière sur un plateau. —Tu as
fait une bonne sieste, n'est-ce
pas ?

There wasn't a soul.

They must all be on the patio, I
decided, but when I went out
the door, I saw that there was
only one person outside: the old
man.

M. Lucien was eating a plate of
eggs with ham and chips. He
raised his head and greeted me.

"Afternoon, my dear. Hey, you
eat pork in China? Do not miss
the opportunity to try the ham!"

I smiled, but I was confused.
Where were all the customers?

La Camarétoise was a beautiful
place, with a magnificent view
of Toulouse and delicious food.

"Hello, Yuki," Véro said from
behind me. She was carrying a
glass of water and a bottle of
beer on a tray. "You had a good
nap, didn't you?"

Elle a posé la bière sur la table
du vieil homme et m'a
regardée.

5   —Tu veux dîner avec nous ?
Laurent a de très bons
steaks...

—Des steaks ? Mmm... Au
10 fait... Véro, où sont les clients ?

Véro a posé le verre d'eau
devant moi et a regardé autour
d'elle comme si elle n'avait pas
15 remarqué qu'il n'y avait
personne sauf le grand-père.

—C'est juste que... elle a
commencé à dire. —C'est juste
20 que... ce sont des moments un
peu difficiles pour nous...

Le vieil homme a toussé
bruyamment et a bu une gorgée
25 de sa bière.
—C'est à cause des gitans, ma
chère. Ils sont comme un
cancer. Des voleurs et des
voyous. Tu entends le vacarme
30 qu'ils font avec leur musique ?
—Papa, tu ne peux pas dire des
choses pareilles, dit Véro, qui
commençait à perdre patience.

She put the beer on the old
man's table and looked at me.

"Would you like dinner?
Laurent has some really good
steaks…"

"Steaks? Hmm... About that...
Véro, where are the
customers?"
Véro put the glass of water in
front of me and looked around
as if she hadn't realised there
was no one there except the
grandpa.

"It's just…" she began to say.
"It's just... these are rather
difficult times for us…"

The old man coughed hard and
took a sip of his beer.

"It's because of the gypsies,
dear. They are like a cancer.
Thieves and thugs. Do you hear
the racket they make with their
music?"
"Dad, you can't say those
things," Véro said starting to
lose her patience.

Ce n'est pas comme ça, et la
situation est compliquée...

—Ce n'est pas compliqué du
tout, mon amour. Quand j'étais
plus jeune, ce restaurant avait
les plus belles vues de
Toulouse et maintenant nous
avons une vue sur une
décharge. Aussi, ces animaux
m'ont volé ! Tu sais qu'ils ont
tué mon chien ?!

— Ça suffit, papa ! Ça suffit...
a répondu Véro d'une voix
tranchante. — On sait ce qui
t'est arrivé, mais on ne veut pas
faire peur à Yuki. Et le
restaurant va s'en sortir. Tout
va bien se passer.

—D'accord, ma fille, d'accord.
Qu'est-ce que j'en sais de toute
façon ? Je ne suis qu'un vieil
homme solitaire...

Véro a soupiré et est allée à la
cuisine. Je me suis assise à une
table sur le patio en pensant à
ce que M. Lucien venait de
dire. Je l'ai regardé avec
curiosité.

"It's not like that, and the
situation is complicated…"

"It's not complicated at all, my
love. When I was younger this
restaurant had the best views in
Toulouse and now we have
views of a landfill site.

Also, those animals stole from
me! Do you know they killed
my dog?!"

"Enough, Dad! Enough…"
replied Véro in a sharp voice.
"We know what happened to
you, but we don't want to scare
Yuki. And the restaurant will
be fine. It will all be ok."

"Okay, dear, okay. What do I
know anyway? I am just a
lonely old man…"

Véro sighed and went into the
kitchen. I sat at a table on the
patio thinking about what M.
Lucien had just said. I looked at
him curiously.

Les gitans ont tué son chien ?
Comment est-ce possible ?

J'ai entendu des bruits au loin :
5 de la musique et des voix. Je
n'avais plus envie de parler à
M. Lucien. J'étais sûre qu'il
allait encore se plaindre, alors
j'ai sorti mon téléphone. J'avais
10 plusieurs notifications
Instagram.

Qu'est-ce qui se passait ?

15 Selon la première notification,
la vidéo de Jean que j'ai
téléchargée avait deux cents
likes. *C'est drôle*, j'ai pensé.

20 J'ai ouvert l'application pour
voir les commentaires et ce que
j'ai vu m'a surprise : cinq mille
personnes l'avaient vue et elle
avait deux mille « likes » ?
25

La vidéo était en train de faire
le buzz. J'étais ravie. C'était la
première fois qu'autant de
personnes réagissaient à mon
30 histoire. Et Jean... La
Flamme… Il était célèbre !

Did the gypsies kill his dog?
How was that possible?

I heard noises in the distance:
music and voices. I didn't want
to talk to M. Lucien anymore.
I'm sure he was going to
complain more, so I took out
my phone. I had multiple
Instagram notifications.

What was going on?

According to the first
notification, the video I
uploaded of Jean had two
hundred likes. *That's funny,* I
thought.
I opened the app to see the
comments and what I saw
surprised me: five thousand
people had seen it and it had
two thousand 'likes'…

The video was going viral. I
felt thrilled. It was the first time
that so many people interacted
with my story. And Jean… The
Flame… He was famous!

Véro est revenue avec mon steak et un autre verre d'eau. Je voulais lui dire, mais je savais que Laurent et Véro ne
5 s'entendaient pas bien avec les gitans et je ne voulais pas les déranger.

Véro came back with my steak and another glass of water. I wanted to tell her, but I knew that Laurent and Véro didn't get along with gypsies and didn't want to bother them.

De toute façon, j'étais fatiguée
10 et j'étais sous le coup du décalage horaire, et je n'avais probablement pas les idées claires.

Anyway, I was tired and jetlagged, and probably wasn't thinking straight.

15 J'ai fini le dîner et je suis revenue au lit avec La Flamme qui dansait dans ma tête.

I finished dinner and went back to bed with The Flame dancing in my head.

CHAPTER 6

Je dois parler avec Jean

Villefranche de Lauragais, Haute Garonne

@lajaponaiseennoir
#japonaiseenfrance #apprendrelefrançaisestcool #japonaisedufutur

Merci d'avoir visionné la vidéo de mon ami Jean. Je pourrais passer toute la journée à le regarder danser. Je pense qu'il devrait faire un spectacle de flamenco, pas vous ?

Quand je me suis réveillée, il pleuvait des cordes. En écoutant la pluie, j'ai pensé à Jean dansant au rythme de la guitare flamenco.	When I woke up, it was raining cats and dogs. As I listened to the rain, I thought of Jean dancing to the rhythm of the flamenco guitar.
Je me suis levée et j'ai regardé par la fenêtre. Le ciel gris recouvrait la ville de Toulouse. Dans le camp des gitans, des enfants jouaient avec des seaux. *Ça doit être dur de vivre comme ça*, j'ai pensé.	I got up and looked out the window. The grey sky covered the city of Toulouse. In the gypsy camp some children were playing with buckets. *It must be hard living like that,* I thought.
Laurent était dans la cuisine en train de préparer de la nourriture et Véro déplaçait les tables et les chaises pour balayer le sol. Aucun signe de Jean.	Laurent was in the kitchen preparing food and Véro was moving tables and chairs to sweep the floor. No sign of Jean.
Véro avait déplacé les tables dans un coin, y compris celles qui se trouvaient sur la partie surélevée de la salle à manger, celle qui ressemblait à une scène. A ce moment-là, une idée m'est venue, une idée un peu audacieuse...	Véro had moved the tables to a corner, including the ones in the upper part of the dining room, the one that looked like a stage.
—Qu'est-ce que tu veux pour le petit déjeuner, Yuki ? m'a demandé Véro, un balai à la main.	At that moment, something occurred to me, a somewhat daring idea... "What do you want for breakfast, Yuki?" Véro asked me, broom in hand.

Ignorant sa question, je me suis levée et me suis dirigée vers la scène. Véro m'a regardée avec intérêt, mais elle n'a rien dit.

5 Je suis montée sur la scène et j'ai regardé vers la salle à manger.

Pourquoi je n'y ai pas pensé
10 *plus tôt ? Le restaurant est si beau, les vues si époustouflantes et la nourriture si délicieuse ; la seule chose qui manque, c'est l'ambiance.*
15 *De la musique. Il manque de la musique.*

Cinq minutes plus tard, Laurent est entré.
20
—Yuki dit que nous devrions faire un concert ici, dit Véro.

—Où ? il a répondu, la
25 confusion se lisait sur son visage.

—Ici. Dans la salle à manger, a répondu Véro. — Sur la scène,
30 mais que tu es bête !

—Mais nous n'avons pas de scène.

Ignoring her question, I got up and headed towards the stage. Véro looked at me with interest but said nothing.
I walked up to the stage and looked into the dining room.

Why didn't I think of it before? The restaurant is so beautiful, the views so impressive and the food so delicious; the only thing missing is the atmosphere. Music. It lacks music.

Five minutes later, Laurent came.

"Yuki says we should have a concert here," Véro said.

"Where?" he asked, confusion written on his face.

"Here. In the dining room," Véro answered. "On the stage, silly!"

"But we don't have a stage."

Laurent m'a alors regardée, m'a
vue sur scène et son visage a
commencé à changer, comme
s'il réalisait ce que sa femme
5   disait. —Mais... nous n'avons
pas de musiciens...

—Je suis sûre qu'il y a des
groupes qui peuvent venir ici,
10 j'ai dit, incapable de cacher
l'enthousiasme dans ma voix.

Il s'est approché de moi et m'a
regardée dans les yeux.
15

—Ma puce, nous n'avons pas
d'argent pour payer le loyer.
Comment allons-nous payer un
groupe de musiciens ?
20

—J'ai une idée, mais il faut
d'abord que tu me prêtes un
parapluie ?

25 Quand je suis arrivée au camp,
il pleuvait encore plus fort
qu'avant. J'ai vu le groupe
d'enfants qui jouait parmi les
caravanes et j'ai réalisé qu'ils
30 récupéraient de l'eau avec des
seaux.

Then Laurent looked at me and
saw me up on the stage and his
face began to change, as if he
were realising what his wife
was saying. "But… we don't
have musicians…"

"I'm sure there are bands that
can come here," I told him,
unable to hide the excitement in
my voice.

He came closer to me and
looked me in the eyes.

"Sweetie, we have no money to
pay the rent. How are we going
to pay a group of musicians?"

"I have an idea, but first you
have to lend me an umbrella…"

When I got to the camp it was
raining even harder than before.
I saw the group of children
playing among the caravans
and realised that they were
collecting water with their
buckets.

Je me suis souvenue que le
camp n'avait pas d'eau.

Malgré le parapluie, j'étais
5   trempée jusqu'aux os. Pour la
première fois en France, j'avais
froid.

Mastiff, le garçon musclé, est
10 sorti de sa caravane, l'air
endormi.

—Qu'est-ce qu'il y a, cousine ?
il m'a demandé en se frottant
15 les yeux. —Tu es venue nous
revoir ?

—Je peux entrer ? j'ai demandé
en montrant le ciel.
20
À l'intérieur, la caravane était
très désordonnée et sentait la
sueur et les pieds. Il y avait un
canapé près de la fenêtre, qui
25 apparemment faisait office de
lit pour Mastiff.
Il a déplacé le drap par-dessus
et il a jeté quelques canettes
vides dans la poubelle déjà
30 débordante.

—Je dois parler à Jean... Il est
là ?

I remembered that the camp
had no water.

Despite the umbrella, I was
soaked to the bone. For the first
time in France, I was cold.

Mastiff, the muscular boy,
came out of his caravan with a
sleepy face.

"What's up, cousin?" he asked
me, rubbing his eyes. "Have
you come to see us again?"

"Can I come in?" I asked,
pointing to the sky.

Inside, the trailer was very
messy and smelled of sweat
and feet. There was a sofa by
the window that apparently
doubled up as a bed for Mastiff.

He moved the sheet that was on
it and threw some empty cans
in the bin that was already full
to overflowing.

"I have to talk to Jean… Is he
here?"

Pourquoi ? Que se passe-t-il ?
Il m'a offert un coca, mais je
voulais juste parler à Jean.

5 —Il n'est pas là. Il est sorti
acheter de l'eau. Tu peux me
dire ce qui se passe ?

Je l'ai regardé pensivement. Je
10 ne savais pas si je devais lui
parler... Mon plan l'incluait
aussi, mais j'avais l'impression
que ça ne lui plairait pas.

15 —Quand Jean revient-il ? C'est
juste que j'ai eu une idée et je
veux savoir ce qu'il en pense.

Mastiff m'a regardée en plissant
20 les yeux. J'avais l'impression
que Mastiff savait ce que je
pensais, comme s'il avait un
sixième sens.

25 —Écoute, je ne sais pas quand
il reviendra, ma belle, mais je
suis son cousin. Tu peux me
dire tout ce que tu veux et je le
dirai à Jean. Qu'est-ce que
30 c'est ? Tu peux me faire
confiance.

"Why? What's going on?"
He offered me a Coca-Cola, but
I just wanted to talk to Jean.

"He's not here. He went out to
buy water. Can you tell me
what's up?"

I looked at him thoughtfully. I
didn't know if I should talk to
him… My plan included him
too, but I had a feeling he
wasn't going to like it.

"When is Jean coming back?
It's just that I had an idea and I
want to know his opinion."

Mastiff narrowed his eyes at
me. I got the impression that
Mastiff knew what I was
thinking, as if he had a sixth
sense.

Hey look, I don't know when
he'll be back, lady, but I'm his
cousin. You can tell me
anything you like and I'll tell
Jean. What is it? You can trust
me."

Il avait peut-être raison. Jean et
Mastiff étaient cousins et amis.
Il était important que Mastiff
soit aussi d'accord.

5

—C'est la vidéo de Jean qui
danse, j'ai dit.

La Flamme est très populaire
10 sur les réseaux sociaux. Il a du
talent, tu sais ?

—Bien sûr que nous le savons,
Yuki. Mon cousin est un
15 danseur fantastique, c'est dans
son sang. Son père était aussi
danseur, avec le groupe de
Camarón de la Isla, tu sais ? Je
suppose que c'est pour ça que
20 tu veux l'épouser ?

J'ai ri sans le vouloir et Mastiff
m'a souri.

25 —Non, je ne veux pas
l'épouser. Je veux qu'il fasse un
spectacle. Pour partager son
talent avec d'autres gens.

30 Mastiff est resté silencieux
pendant un long moment, son
visage carré perdu dans ses
pensées.

Maybe he was right. Jean and
Mastiff were cousins and
friends. It was important that
Mastiff also agreed.

"It's the video of Jean dancing,"
I told him.

 "The Flame is very popular on
social media. He's talented, you
know that?"

"Of course we know, Yuki. My
cousin is a fantastic dancer, it's
in his blood. His father was
also a dancer, with Camarón de
la Isla's band, you know? I take
it that's why you want to marry
him?"

I laughed involuntarily and
Mastiff smiled at me.

"No, I don't want to marry him,
I want him to put on a show. To
share his talent with other
people."

Mastiff was silent for a long
moment, his square face lost in
thought.

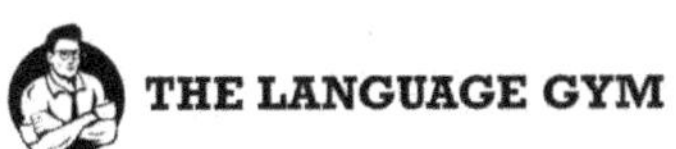

Finalement, il a pris une gorgée
de Coca et m'a dit :
—Et combien on va gagner ?

5 *Je n'avais pas pensé à ça...*

—Je ne suis pas sûre. Je pense
que beaucoup de gens vont
vouloir venir au restaurant pour
10 le voir. Laurent et Véro
payeront sûrement quelque
chose. Mais l'important c'est
que les gens voient son talent...

15 —Attends, Mastiff a
interrompu, —quel restaurant ?
Où as-tu dit que tu voulais faire
le spectacle ?

20 J'avais oublié de le mentionner.
J'ai pointé mon doigt vers la
fenêtre.

—La Camarétoise ! Ils ont une
25 scène qui est parfaite pour un
concert de flamenco. Ce serait
un grand spectacle !

—La Camarétoise ? Tu es
30 folle ? Il me parlait de manière
intense, mais je n'avais pas
peur.

In the end he took a sip of
Coca-Cola and said to me: "And
how much will we earn?"

I had not thought about that…

"I am not sure. I think a lot of
people are going to want to
come to the restaurant to see it.
Surely Laurent and Véro will
pay something. But the
important thing is that people
see his talent…"

"Wait," Mastiff interrupted,
"what restaurant? Where are
you saying you want to do the
show?"

I had forgotten to mention it. I
pointed my finger out the
window.

"La Camarétoise. They have a
stage that is perfect for a
flamenco concert. It would be a
great show!"

"La Camarétoise? Are you
crazy?" He spoke with
intensity, but I wasn't afraid.

—Ces ordures nous ont coupé
l'eau. Ils nous traitent comme
des animaux ! Et tu veux que
Jean fasse un spectacle dans
5   leur restaurant ? Et sans gagner
un centime. Pas question !

"Those swines have cut off our
water. They treat us like
animals! And you want Jean to
put on a show in their
restaurant? And without
earning a dime. No way!"

CHAPTER 7

Nous allons déménager

Villefranche de Lauragais, Haute Garonne

@lajaponaiseennoir
#japonaiseenfrance #apprendrelefrançaisestcool #japonaisedufutur

Je n'y comprends rien. Il semble que Laurent et Véro aient coupé l'eau du camp. Pourquoi ont-ils fait ça ? Je ne saurais l'expliquer...

Je suis retournée au restaurant,
déçue, et je me suis assise sur
le patio. Je pensais que mon
idée du spectacle serait
5   intéressante pour tout le monde,
mais visiblement je me
trompais.

I went back to the restaurant
crestfallen and sat on the patio.
I thought that my idea of the
show would be interesting for
everyone, but clearly I was
wrong.

Véro est sortie du restaurant
10 avec un café. Elle avait l'air
fatiguée.

Véro came out of the restaurant
with a coffee. She seemed tired.

—Qu'est-ce qu'il y a, chérie ?
elle m'a demandé.
15

"What's wrong, honey?" She
asked me.

—Rien, j'ai répondu. Je ne
voulais pas tout dire à Véro, et
j'étais frustrée qu'elle et Laurent
aient coupé l'eau dans le camp.
20

"Nothing," I replied. I didn't
want to tell Véro everything,
and I was frustrated that she
and Laurent had turned off the
water in the camp.

Elle s'est assise à côté de moi et
a posé sa main sur la mienne.
—Chérie, est-ce que ta famille
te manque ? C'est pour ça que
25 tu es triste ?

She sat next to me and put her
hand on top of mine.
"Honey, do you miss your
family? Is that why you're
sad?"

Je l'ai regardée et j'ai secoué la
tête.
—Je voulais t'aider. Je pensais
30 que mon idée apporterait plus
de clients au restaurant. Mais
c'est une idée absurde. Je dois
être stupide.

I looked at her and shook my
head.
"I wanted to help you. I thought
my idea would attract more
customers to the restaurant. But
it is an absurd idea. I must be
stupid."

—Ne dis pas ça, ma puce.
Merci d'avoir essayé d'aider, tu
es un ange. Laurent et moi
allons nous débrouiller seuls,
5   c'est notre responsabilité. Ne
t'en fais pas pour ça.

Je suis montée dans ma
chambre et j'ai pris le
10   téléphone. Je n'avais pas de
messages, mais j'avais
beaucoup de notifications, alors
je me suis lancée sur Instagram.

15   Beaucoup de gens parlaient de
la vidéo de Jean en train de
danser. J'ai fait glisser mon
doigt sur l'écran jusqu'à ce que
j'arrive à la vidéo originale de
20   Jean. J'ai eu le souffle coupé en
lisant les commentaires.
Ils disaient :
« Je paierais pour voir ce type
en concert ! », « Où est le
25   spectacle et comment puis-je
acheter des billets ? », « Ce
type est un phénomène ! »

La vidéo a plus de dix mille
30   « likes » et plus de cent mille
vues. Cent mille ! La Flamme
est devenue virale.

"Don't say that, sweetie.
Thanks for trying to help, you
are an angel. Laurent and I are
going to sort out our situation
ourselves, it is our
responsibility. Don't you worry
about that."
I went up to my room and took
out the phone. I didn't have any
messages, but I did have a
bunch of notifications; so I
jumped on Instagram.

Lots of people were talking
about the video of Jean
dancing. I slid my finger across
the screen until I reached Jean's
original video. I gasped as I
read the comments.

They said:
"I would pay to see that guy in
concert!", "Where is the show
and how can I buy tickets?",
"This guy is a phenomenon!".

The video had over 10,000
'likes' and over 100,000 views.
One hundred thousand! The
Flame has gone viral.

À ce moment-là, je me suis
sentie si émue, mais j'ai vite
réalisé que Jean vivait dans une
caravane dans un camp de
5   gitans, ses cousins ne voulaient
pas qu'il fasse un spectacle, et
de toute façon, Laurent et Véro
ne voulaient pas avoir affaire
aux gitans. Et, bien sûr, le
10   détail le plus important :
Laurent et Véro avaient coupé
l'eau...

J'ai regardé à nouveau par la
15   fenêtre. La pluie avait cessé et
le ciel commençait à se
dégager. Un arc-en-ciel s'était
formé au-dessus de la ville.

20   Dans la cour, j'ai vu une grande
et fine silhouette s'approcher du
restaurant. À ce moment-là, la
silhouette a levé la tête et a
regardé vers ma fenêtre. *Jean !*
25   J'ai sauté dans les escaliers pour
aller à sa rencontre. Je voulais
lui dire que sa vidéo était
devenue virale et lui montrer
les commentaires.
30   Quand je suis arrivée à la porte,
j'ai vu que Laurent était déjà en
train de parler à Jean.
Qu'est-ce qu'ils disaient ?

At that moment, I felt so
emotional, but I quickly
realised that Jean lived in a
caravan in a gypsy camp, his
cousins didn't want him to put
on a show, and Laurent and
Véro didn't want anything to do
with the gypsies anyway. And
of course, the most important
detail: Laurent and Véro had
cut off their water…

I looked out the window again.
The rain had stopped and the
sky was beginning to open up.
A rainbow had formed above
the city.

In the courtyard I saw a tall,
thin figure approaching the
restaurant. At that moment, the
figure raised his head and
looked up at my window. Jean!
I flew down the stairs to meet
him. I wanted to tell him that
his video had gone viral and
show him the comments.

When I got to the door, I saw
that Laurent was already
talking to Jean.
What were they saying?

Je me suis demandé
nerveusement s'ils se
disputaient.
Laurent s'est tourné vers moi.

5 —Je vois que tu as déjà des
amis dans le village…
—Oui, oui. Je l'ai rencontré
hier... ici, au restaurant, et
puis...
10 —Je t'ai vue sortir du camp ce
matin, Yuki, m'a dit Jean.
Mastiff n'a pas voulu me dire
pourquoi tu es venue. Tu as
quelque chose à me dire ?
15

—Je dois retourner à la cuisine.
À quelle heure travailles-tu
aujourd'hui, Jean ? Laurent a
demandé.
20 —A cinq heures, patron, mais il
faut que je vous parle...
—Nous parlerons plus tard,
gamin. Je te laisse en paix
maintenant, dit Laurent en
25 retournant à la cuisine.

Seule avec Jean, je ne savais
pas quoi dire. Visiblement,
Mastiff ne voulait pas que Jean
30 fasse un concert ici, et Laurent
et Véro non plus... Je l'ai
regardé.

I wondered nervously if they
were arguing.

Laurent turned to me.
"I see you already have friends
in the village…"
"Yes, yes. I met him
yesterday… here in the
restaurant and then…"
"I saw you leaving camp this
morning, Yuki," Jean said to
me. "Mastiff didn't want to tell
me why you came. Do you
have something to tell me?"

"I have to go back to the
kitchen. What time are you
working today, Jean?" asked
Laurent.
"At five, boss, but I have to talk
to you…"
"We'll talk later, son. Now I'll
leave you alone," said Laurent,
returning to the kitchen.

Alone with Jean, I didn't know
what to say. Obviously, Mastiff
didn't want Jean to do a concert
here, and neither did Laurent
and Véro… I looked at him.

Jean était un beau garçon :
grand, mince et délicat, mais
avec des bras forts et des
jambes musclées.

5

J'ai pensé à la vidéo, à la façon
dont ce garçon bougeait, à
l'énergie, à la grâce qu'il avait.
Je voulais vraiment le voir

10   danser à nouveau.

—Je voulais juste te voir... pour
te remercier. J'ai passé un bon
moment hier dans les bois... Tu

15   danses très bien.

Jean a rougi et a regardé le sol.

—Tu crois ? Je ne pense pas...
20   Mon père dansait de manière
phénoménale. C'était une star...
J'aime danser, mais je n'ai rien
de spécial...

25   —Tu as le même talent que ton
père...

—Papa avait du talent, mais il
avait aussi des démons et... et
30   maintenant il est mort. Jean a
regardé le sol.

Jean was a handsome boy: tall,
slim, and graceful, but with
strong arms and muscular legs.

I thought about the video, how
this boy moved, the energy, the
grace he had. I really wanted to
see him dance again.

"I just wanted to see you… to
say thank you. I had a good
time yesterday in the woods…
You dance really well."

Jean blushed and looked at the
ground.
"You think? I don't think so…
My dad danced phenomenally.
He was a star… I like to dance,
but I'm nothing special…"

"You have the same talent as
your father…"

"Dad had talent, but he also had
demons and... And now he's
dead." Jean looked at the
ground.

—Je suis vraiment désolée,
Jean... pour ton père. Mais tu es
très spécial aussi... Regarde...
J'ai sorti mon téléphone pour
lui montrer la vidéo.
Il l'a regardée avec intérêt, les
yeux comme des soucoupes.
—C'est moi... Tu as fait une
vidéo pendant que je dansais ?

—Oui, et maintenant La
Flamme a plus de dix mille
« likes » et cent mille vues.
C'est incroyable. Tu es
incroyable.

—Cent mille ?! Ce n'est pas
possible ! Jean s'est retourné
comme si quelqu'un l'appelait.

—Merci, Yuki... Merci
beaucoup. Mais maintenant, je
dois partir. Ma grand-mère dit
que nous devons déménager.
Sans eau, nous ne pouvons pas
rester ici. Nous ne pouvons pas
continuer à acheter des
bouteilles et à ramasser des
seaux d'eau chaque fois qu'il
pleut. Nous allons dans un
autre village.

“I'm really sorry, Jean… for
your dad. But you are also very
special… Look…”
I took out my phone to show
him the video.
He looked at it with interest, his
eyes as big as saucers.
“It's me… Did you make a
video while I was dancing?”

“Yes, and now The Flame has
more than 10,000 ‘likes’ and
100,000 views. It's incredible.
You are amazing.”

“One hundred thousand?! That
can't be right!” Jean looked
behind him as if someone were
calling him.

“Thank you, Yuki… Thank you
very much. But now I have to
go. Grandma says we have to
move home. Without water we
can't stay here. We can't keep
buying bottles and collecting
buckets of water every time it
rains. We are going to another
village.”

J'ai attendu un moment.

Je voulais dire quelque chose,
mais je ne trouvais pas les
mots. Je ne voulais pas qu'il
5   parte ; il y avait une énergie
entre nous qui ne pouvait pas
être expliquée.

Il semblait que Jean voulait dire
10 quelque chose aussi, mais après
un long silence, il est parti.

Je suis entrée dans le restaurant
et Véro était en train de dresser
15 les tables près de la fenêtre.
—Je vois que tu as rencontré
Jean. C'est un gentil garçon
mais sa famille... Eh bien...

20 J'ai ri nerveusement.

—Jean est mon ami. Je sais
qu'il travaille ici dans la
cuisine, mais... tu savais qu'il
25 est aussi danseur de flamenco ?

—Est-ce que notre Jean est
celui que j'ai vu sur ton
Instagram ? Jean ?! C'est un
30 grand danseur ! Je pense que
les gens paieraient cher pour le
voir...

I waited a moment.

I wanted to say something, but
the words wouldn't come out. I
didn't want him to go; there
was an energy between us that
couldn't be explained.

It seemed as if Jean also
wanted to say something, but
after a long silence, he just left.

I went into the restaurant and
Véro was setting the tables by
the window.
"I see you've met Jean. He's a
good boy... but his family...
Well…"

I laughed nervously.

"Jean is my friend. I know he
works here in the kitchen,
but… did you know he's also a
flamenco dancer?"

"Is our Jean the one I saw on
your Instagram? Jean?! He's a
great dancer! I think people
would pay a pretty penny to see
him…"

—Vraiment ? j'ai demandé,
surprise par ce que Véro disait.
Je peux te demander quelque
chose, Véro ?
5 Véro a hoché la tête.

—Pourquoi as-tu coupé l'eau au
camp ?
—Couper l'eau ? On n'a rien
10 coupé, chérie. Je ne saurais pas
comment faire. Pourquoi tu dis
ça ?

Je l'ai regardée en pensant à ce
15 que Mastiff m'avait dit.

*Est-ce que Véro me ment ? Ce
n'est pas possible... Et Mastiff ?
Est-ce qu'il s'est trompé ?*
20

—Si je l'organise, pouvons-
nous avoir un concert de
flamenco ici ? Jean est devenu
viral sur Instagram ! Je suis
25 sûre que les clients viendraient
ici pour le voir danser.

—Et bien... Véro a regardé par
la fenêtre où son père était assis
30 en train de fumer.

"Really?" I asked, surprised by
what Véro was saying. "Can I
ask you something, Véro?"

Véro nodded.

"Why did you cut off the water
to the camp?"
"Cut off the water? We haven't
cut off anything, honey. I
wouldn't know how to do it.
Why do you say that?"

I looked at her thinking about
what Mastiff told me.

*Is Véro lying to me? It can't be
true... And Mastiff? Was he
mistaken?*

"If I organise it, can we do a
flamenco show here? Jean went
viral on Instagram! I'm sure
customers would come here to
see him dance."

"Well..." Véro looked out the
window where her father was
sitting smoking.

—Je pense que c'est une très
bonne idée, mais... je ne sais
pas, chérie...

"I think it's a really good idea,
but... I don't know, honey…"

5   Le téléphone a sonné et Véro
l'a décroché.

The phone rang and Véro
picked it up.

« Je vous demande pardon ? »
elle a dit à la personne à l'autre
10 bout du fil. « Vous vous êtes
trompé de numéro. Au revoir,
monsieur. » Elle m'a regardée
et m'a dit, — C'est compliqué,
chérie. Et maintenant, je dois
15 travailler.

"What's that?" she said to the
person on the other end.
"You've got the wrong number.
Goodbye, sir." She looked at
me and said, "It's complicated,
honey. And now, I have to
work."

Convaincre Véro et Laurent
n'allait pas être une tâche
facile... J'allais devoir faire
20 quelque chose de plus direct...

Convincing Véro and Laurent
was not going to be an easy
task... I was going to have to do
something more direct…

CHAPTER 8

Ils ont tué mon chien

Villefranche de Lauragais, Haute Garonne

@lajaponaiseennoir
#japonaiseenfrance #apprendrelefrançaisestcool #japonaisedufutur

*Une famille manque de musique et l'autre famille
manque d'eau. Pourquoi elles ne s'entraident pas ?
Les Français sont fous, c'est pour ça...*

Les lumières de Toulouse
étaient magnifiques depuis le
patio ce soir-là. Un groupe de
touristes est arrivé au restaurant
5   et Véro les servait avec
beaucoup d'enthousiasme.

Malgré cela et en comptant M.
Lucien et moi-même, il y avait
10 dix clients au total... Plus
qu'hier, oui, mais toujours pas
assez pour couvrir les frais du
restaurant.

15 De l'autre côté de la rue, les
gitans faisaient autant de bruit
que les jours précédents, mais
cela ne me dérangeait pas du
tout. Je suis entrée dans le
20 restaurant.

Véro débarrassait la table où
étaient assis les touristes et je
suis allée à la cuisine où
25 Laurent mettait de côté les
restes et Jean faisait la
vaisselle.

—Est-ce que je peux parler à
30 Jean, s'il te plaît ?

Laurent a regardé Jean et a
hésité un instant.

The lights of Toulouse looked
beautiful from the patio that
night. A group of tourists
arrived at the restaurant and
Véro served them
enthusiastically.

Despite this and, including M.
Lucien and me, there were ten
customers in total... More than
yesterday, yes, but still not
enough to cover the restaurant's
expenses.

Across the street, the gypsies
were making as much noise as
on the previous days, but I
didn't mind at all. I went into
the restaurant.

Véro was cleaning the table
where the tourists were sitting,
and I went to the kitchen where
Laurent was putting away the
leftovers and Jean was doing
the dishes.

"Can I talk to Jean, please?"

Laurent looked at Jean and
hesitated for a moment.

—D'accord Jean, mais après tu devras nettoyer le sol et sortir les poubelles, il a enfin dit.

5 Jean m'a suivie dans la salle à manger et m'a regardée avec inquiétude.

—Je ne sais pas si je vais y
10 arriver, Yuki. Je suis très nerveux...
—Bien sûr que tu peux le faire. Ton père serait fier de toi. Et de plus, c'est quelque chose que tu
15 dois faire.

Véro nous a regardés pendant que Jean montait sur scène.

20 —Qu'est-ce que tu fais, fiston ? Laurent t'a laissé partir plus tôt ?

Jean n'a pas répondu. J'ai
25 allumé mon haut-parleur et j'ai mis le volume au maximum.

Véro a regardé le groupe de touristes, mais ils continuaient
30 à parler. Après une courte pause, la musique de Camarón de la Isla a commencé à jouer. Jean a fermé les yeux.

"Okay, Jean, but then you have to clean the floor and take out the trash," he finally said.

Jean followed me into the dining room and looked at me worried.

"I don't know if I can do it, Yuki. I'm very nervous…"

"Of course you can. Your dad would be proud of you. And besides, it's something you have to do."

Véro looked at us while Jean got on stage.

"What are you doing, son? Has Laurent let you out early?"

Jean didn't answer. I turned on my speaker and turned the volume up to maximum.

Véro looked at the group of tourists, but they were still talking. After a brief pause, the music of Camarón de la Isla began to play. Jean closed his eyes.

L'un des touristes le regardait
avec intérêt, mais Jean ne
bougeait pas.

5   Au bout d'un moment, La
Flamme a commencé à bouger
ses pieds, puis ses jambes, ses
hanches et enfin ses bras.

10   Lentement d'abord, des
mouvements prudents et, peu à
peu, avec plus d'énergie.
Laurent est sorti de la cuisine
quand il a entendu le son de la
15   voix puissante de Camarón.

Il s'est mis à danser plus vite,
avec beaucoup de puissance,
ses yeux toujours fermés. Il
20   tournait, frappait des mains et
tapait des pieds avec une
énergie irrésistible. Personne ne
parlait pendant que La Flamme
dansait. Il avait toute notre
25   attention et aussi celle des
touristes.

La chanson n'a duré que trois
ou quatre minutes, mais elle a
30   suffi pour enchanter Véro. Les
touristes se sont levés et ont
applaudi avec enthousiasme.

One of the tourists was looking
at him with interest, but Jean
didn't move.

After a while, The Flame began
to move his feet, then his legs,
his hips, and finally his arms.

Slowly at first, cautious
movements and, little by little,
with more energy. Laurent left
the kitchen when he heard the
sound of Camarón's powerful
voice.

He began to dance faster, with
a lot of power, his eyes still
closed. He span, clapped and
stamped his feet with
irresistible energy. Nobody
spoke while The Flame danced.
He had our full attention and
that of the tourists as well.

The song lasted only three or
four minutes, but it was enough
to bewitch Véro. The tourists
stood up and applauded
enthusiastically.

—Laurent, ce garçon a un talent unique. Nous devons organiser un spectacle ici. Tu imagines ? Regarde les clients !

5

Laurent n'a pas répondu. Il regardait un autre groupe de personnes qui s'appuyait contre la porte du restaurant.

10

Au début, j'ai pensé qu'il s'agissait peut-être de touristes venus voir Jean, mais un peu plus tard, j'ai vu les cheveux

15 teints d'Esmeralda et ses yakuzas.

Esmeralda s'est approchée de Laurent et lui a dit à voix

20 basse : —D'abord tu as coupé l'eau et maintenant tu exploites mon petit-fils... Tu n'as pas honte, espèce de gadjo !

25 Laurent l'a regardée d'un air ahuri. Il n'a rien dit. Les touristes regardaient avec étonnement.

30 —Il nous traite comme des animaux !

"Laurent, this boy has a unique talent. We have to put on a show here. Can you imagine? Look at the customers!"

Laurent didn't answer. He was looking at another group of people who were leaning into the door of the restaurant.

At first, I thought it was more tourists perhaps coming to see Jean, but a moment later I saw Esmeralda's dyed hair and her yakuza.

Esmeralda approached Laurent and said in a low voice: "First you cut off the water and now you exploit my grandson… Aren't you ashamed, *payo (*non-gypsy*)*?!"

Laurent looked at her in a daze. He didn't say anything. The tourists looked on in amazement.

"He treats us like animals!

—Villefranche de Lauragais est aussi notre village et maintenant nous devons partir à cause de toi, a continué

5 Esmeralda.

J'ai regardé Laurent, en attendant qu'il dise quelque chose, mais le cuisinier est

10 resté muet. A ce moment-là, j'ai entendu une toux et le vieux M. Lucien est apparu en descendant les escaliers. Il est entré dans la salle à manger et a

15 crié : —J'ai coupé l'eau parce que vous avez tué mon chien !

Nous nous sommes alors tous tournés vers M. Lucien qui

20 pointait sa canne vers les gitans.
—Meurtriers, vous avez tué Valjean. Vous avez tué mon chien ! a répété M. Lucien.

25

Personne n'a rien dit jusqu'à ce que Véro s'approche du vieil homme et lui dise :
—Ils n'ont pas tué Valjean. Il a

30 été renversé par une voiture il y a trois mois. Ce n'est pas de leur faute.

"Villefranche de Lauragais is also our home and now we have to leave because of you," Esmeralda continued.

I looked at Laurent, waiting for him to say something, but the cook was speechless. At that moment, I heard a cough and old M. Lucien appeared coming down the stairs. He went into the dining room and yelled, "I cut off the water because you killed my dog!"

Now we all turned to M. Lucien who was pointing at the gypsies with his cane.

"Murderers! You killed Valjean. You killed my dog!" M. Lucien repeated.

Nobody said anything until Véro approached the old man and said: "They didn't kill Valjean. He was hit by a car three months ago. It's not their fault."

—Tu te trompes, ma chérie. Ils
ont tué mon chien, et de toute
façon, ils font du tapage tous
les soirs et... ils nous ruinent !

5

Les gitans avaient l'air confus
et les touristes étaient
stupéfaits.

10

J'en ai profité pour prendre la
parole et dire : —Pourquoi ne
font-ils pas de tapage ici ?
Ils peuvent faire un spectacle le
15 week-end.
Mastiff se mettait en colère :
—Il faudra me passer sur le
corps ! Mais l'un des touristes
l'a interrompu.

20

—Je paierais cher pour voir ce
garçon danser, c'est une star !

Le téléphone a sonné de
25 nouveau et Véro a décroché.
Elle nous a regardés et a dit : «
Une table pour Renata ? Le
spectacle de flamenco ? Bon...
d'accord... »

30

Véro a raccroché et a regardé
Laurent.

"You're mistaken, my love.
They killed my dog, and
anyway, they make a racket
every night and… they are
ruining us!"

The gypsies looked confused
and the tourists were stunned.

I took advantage of the moment
to speak up and say, "So why
don't they make a racket over
here? They can put on a show
on weekends."
Mastiff was getting angry:
"Over my dead body!" But one
of the tourists interrupted.

"I would pay good money to
see this boy dance. He's a star!"

The phone rang again and Véro
picked it up. She looked at us
and said, "A table for Renata?
The flamenco show? Well…
okay…"

Véro hung up and looked at
Laurent.

—C'est un autre client qui veut en savoir plus sur le spectacle de flamenco.
Avec celui-là, cela fait quinze appels aujourd'hui. Elle a regardé son père. —Papa, va ouvrir l'eau et ensuite, on parlera.

"It's another customer who wants to know more about the flamenco show.
With this call, that makes fifteen today already." She looked at her father. "Dad, go turn on the water and then we'll talk."

CHAPTER 9

Le spectacle

Villefranche de Lauragais, Haute Garonne

@lajaponaiseennoir
#japonaiseenfrance #apprendrelefrançaisestcool #japonaisedufutur

Quelle émotion ! Ils organisent un spectacle de flamenco à La Camarétoise. À ne pas manquer ! J'ai vraiment hâte de voir La Flamme sur scène. J'espère que tout se passera bien et qu'il n'y aura pas d'incident...

THE LANGUAGE GYM

Les gens ont commencé à arriver avant le coucher du soleil et à neuf heures du soir, il n'y avait plus une seule place libre dans le restaurant. C'était plein à craquer.

Il y avait des familles entières : des parents qui discutaient avec des amis, leurs enfants jouaient sur le patio et leurs grands-parents qui regardaient attentivement le menu.

Dans la cuisine, Laurent travaillait d'arrache-pied avec son nouvel assistant, qui venait lui aussi du camp. Ils préparaient de nombreux plats différents pendant que Véro allait et venait, apportant la délicieuse nourriture aux clients affamés. J'ai aussi aidé, en débarrassant les tables et en servant des boissons.

Dans la salle à manger, l'atmosphère était celle d'une fête animée, les gens parlaient presque en criant et la musique jouait. Il y avait beaucoup de gens du pays, mais j'entendais aussi des accents étrangers.

People started arriving before sunset and by nine o'clock there was not a free seat in the restaurant. It was full to bursting.

There were entire families: parents chatting with friends, their children playing on the patio, and their grandparents looking closely at the menu.

In the kitchen, Laurent was working like crazy with his new assistant, who also came from the camp. They prepared all kinds of different dishes while Véro came and went, taking the delicious food out to the hungry customers. I helped too, clearing tables and handing out drinks.

In the dining room, the atmosphere was that of a lively party, people were talking, almost shouting, and the music was playing. There were a lot of local people, but I also heard foreign accents.

Laurent avait ouvert toutes les fenêtres et, depuis le patio, on entendait le même vacarme.

5 À dix heures du soir, les gens assis sur le patio se sont soudain tus et, à ce moment-là, je me suis demandé si la police n'était pas venue pour mettre
10 fin à la fête et au bruit.

Par la fenêtre, j'ai vu qu'un groupe de garçons venait d'arriver. Ils portaient des
15 pantalons noirs et des chemises blanches, comme s'il s'agissait d'une bande de mafieux.

J'ai retenu mon souffle jusqu'à
20 ce que le groupe se disperse et qu'une silhouette vêtue de noir apparaisse : La Flamme

Lorsqu'il est entré dans le
25 restaurant, La Flamme marchait le torse bombé et la tête haute. Le groupe de gitans le suivait. Mastiff, avec sa guitare, était parmi eux. Tous les clients
30 regardaient La Flamme comme s'il s'agissait d'une star de cinéma.

Laurent had opened all the windows and, from the patio the same racket could be heard.

At ten o'clock at night, the people sitting on the patio suddenly fell silent, and at that moment I wondered if perhaps the police had come to break up the party and the noise.

Through the window I saw that a group of boys had just arrived. They wore black trousers and white shirts, as if they were a gang of *mafiosi*.

I held my breath until the group dispersed and a figure dressed in black appeared: The Flame.

As he entered the restaurant, The Flame walked with his chest out and his head held high. The group of gypsies followed him. Mastiff, with his guitar, among them. All the customers looked at The Flame like he was a movie star.

Personne ne parlait, on aurait
pu entendre une mouche voler.

Jean La Flamme est entré en
5   scène ; ses cousins aussi, et
sans un mot, il a levé les bras.

Il y avait une énergie
10   incroyable dans la salle et une
attente que je n'avais jamais
ressentie auparavant.

Tout le monde regardait le
15   jeune gitan qui, il y a à peine
une semaine, dansait sur une
palette dans les bois. Après une
pause, Mastiff a ouvert le
spectacle en jouant les
20   premières notes de sa guitare.

J'ai vu qu'au fond de la salle à
manger, Laurent regardait avec
une expression de fierté sur son
25   visage.

Nobody said a word; you could
have heard a pin drop.

Jean The Flame took the stage;
his cousins too, and without
saying anything, he raised his
arms.

There was an incredible energy
in the room and an anticipation
that I had never felt before.

Everyone was looking at the
young gypsy who just a week
ago was dancing on a pallet in
the woods. After a pause,
Mastiff opened the show
playing the first notes on his
guitar.

I saw that, at the back of the
dining room, Laurent was
looking on with an expression
of pride on his face.

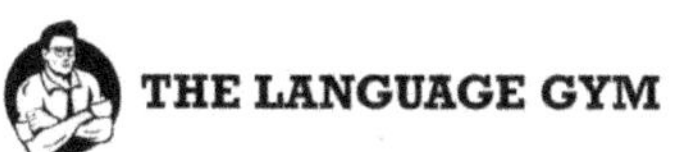

EPILOGUE

Après le spectacle, je me suis
sentie physiquement épuisée.
J'allais commencer mes cours
de français à Toulouse le
5   lendemain, mais je savais que
je n'arriverais pas à dormir avec
toutes les émotions qui s'étaient
produites au cours de la
journée.

10 À l'intérieur du restaurant, la
famille de Jean discutait et
félicitait La Flamme. Jean me
regardait d'un air reconnaissant
et calme.

15 Je suis sortie seule sur la
terrasse et je me suis assise à
une table dans un coin. Il faisait
nuit, mais il faisait encore très
chaud. Autour de moi, tous les
20 clients discutaient joyeusement
de La Flamme et du plaisir
qu'ils avaient eu à participer au
spectacle.

After the show, I felt physically
exhausted. I was going to start
my French classes in Toulouse
the next day, but I knew that I
was not going to be able to
sleep with all the emotions that
had occurred during the day.

Inside the restaurant, Jean's
family was chatting and
congratulating The Flame. Jean
looked at me with a grateful
and calm expression.

I went out on the patio alone
and sat at a table in the corner.
It was night, but it was still
very hot. All around me, all the
customers chatted happily
about The Flame and how
much they had loved the show.

Je me suis demandé pourquoi les deux familles s'étaient querellées dans le passé.

5 Je ne comprenais pas pourquoi M. Lucien leur avait coupé l'eau et pourquoi Esmeralda et ses enfants détestaient tant les gens du restaurant.

10

J'ai vu du coin de l'œil qu'Esmeralda et M. Lucien discutaient à l'entrée du restaurant. J'ai cru voir que M.

15 Lucien avait touché la main d'Esmeralda, mais je n'étais pas sûre. Lupin, le vieux chien, les regardait attentivement et, comme prévu, la gitane lui a

20 donné un morceau de pain.

Esmeralda disait quelque chose et j'essayais de lire sur ses lèvres. Je n'en étais pas sûre,

25 mais elle semblait dire :
« Tu m'as manqué ».

I wondered why the two families had fallen out in the past.

I didn't understand why M. Lucien had cut off the water and why Esmeralda and her children hated the restaurant so much.

I saw out of the corner of my eye that Esmeralda and M. Lucien were talking at the entrance to the restaurant. I thought I saw that M. Lucien had touched Esmeralda's hand, but I wasn't sure. Lupin, the old dog, was watching them attentively and, as expected, the gypsy woman gave him a piece of bread.
Esmeralda was saying something and I tried to read her lips. I couldn't be sure, but it looked like she was saying, *"I missed you."*

Villefranche de Lauragais, Haute-Garonne 

@lajaponaiseennoir #japonaisedufutur #apprendrelefrançaisestcool

Merci aux propriétaires de La Camarétoise qui nous ont offert une soirée de flamenco inoubliable. La jeune star, Jean Montoya, "La Flamme" est devenue célèbre sur internet, Sa danse fait fureur ! Ne le manquez pas à La Camarétoise tous les samedis soirs à dix heures.